DIBUJAR

ESPACIOS

Claudia Van Der Pool Abá

Lo que nunca me atreveré a decirte, por eso lo escribo

europa ediciones

© 2025 **Europa Ediciones** | Madrid

www.grupoeditorialeuropa.es

ISBN 9791256960774

I edición: agosto del 2025

Distribuidor para las librerías: **CAL Málaga S.L.**

Impreso para Italia por *Rotomail Italia S.p.A. – Vignate (MI)*

Stampato in Italia presso *Rotomail Italia S.p.A. – Vignate (MI)*

**Lo que nunca me atreveré a decirte,
por eso lo escribo**

Este proyecto no hubiera sido posible sin el abrazo incondicional de mi familia. Ellos son el motivo por el que me muevo por el mundo sin miedo; sabiendo que vaya a dónde vaya, siempre voy a poder volver a casa; volver a ellos.

No me olvido de mi pequeña gran familia que he formado durante los años.La de Málaga, que me han visto en mis tantas y distintas versiones y aun así nunca se han ido de mi lado. La de Madrid, que desde que llegué no han parado de sacarme una sonrisa día tras día, haciendo de mí la persona tan feliz que soy. The one in Mankato, my small American life that made me feel so big; I will always be grateful for the love they gave me and that I've been carrying with me since I left.

Gracias a cada una de las personas con las que he coincidido en mi camino, estos escritos tienen sentido.

Os llevo siempre conmigo, allá a dónde voy y dejo mi huella.

Os quiero,
Claudia.

Para mi madre,
por cederme el arte de escribir y el amor por los libros.

Para mi padre,
por siempre empujarme a ser mi mejor versión.

Para mi hermano,
por ser mi mejor compañero y amigo.

Para mi Oma,
la mujer más fuerte que conozco.

La vida es bella, tú verás como a pesar de los pesares tendrás amor, tendrás amigos.

Palabras para Julia – José Agustín Goytisolo

PREFACIO

Lo que nunca me atreveré a decirte por eso lo escribo se mueve con soltura en los márgenes de las palabras no dichas, en un espacio en el que la escritura es refugio y exposición a la vez. Aquí conviven la experiencia y las emociones humanas, sin grandilocuencia ni artificio, sino en una voz joven, lúcida y deliberadamente íntima, que decide volcar sobre la página aquello que no pudo o no quiso expresar en voz alta.

Cada poema nos sitúa en la frontera entre lo que no se puede decir en voz alta y lo que no puede quedar inexpresado. Esa negación autoimpuesta da paso a un universo afirmativo en el que el lenguaje es la única herramienta capaz de materializar el recuerdo, de restituir lo perdido, de conjurar lo ausente, y de exorcizarlos, a la vez.

El estilo confesional evita lo retórico, dando un tono íntimo, pero no ingenuo; sensible, pero no sentimentalista; y revelando madurez al nombrar lo frágil sin embellecerlo. La escritura se mueve con naturalidad entre el castellano y el inglés, sin marcar jerarquías, haciéndolos distintos registros de una misma emoción.

Este libro es un testimonio emocional cuya forma literaria honesta y cuidada encuentra su mayor fuerza en la sencillez. No busca respuestas ni consuelo, sino que extiende una invitación al lector: que acompañe a la autora en su verbalización de lo indecible.

Puede que algún día me toque ser valiente,
que no pueda esconderme tras la sombra de estas páginas.
Puede que me atreva a decirte todo lo que callo.
Pero, por ahora, toca quedarme en la sombra un poco más.
Creía que podía olvidarte,
que podía olvidar todo aquello que pienso cuando te imagino,
todo aquello que me gustaría compartir si tú sintieras lo mismo.
Me quema sentir tanto, todo mi corazón,
por algo que no es recíproco,
¿no es cierto?,
me gustaría saberlo.
Esas noches en las que las miradas leían todo,
que gritaban,
que podían escribir letras de amor sin necesidad de decirlas en alto.
Yo lo sentía,
y sentía que tú también.
Si tuviera el coraje iría a por ti sin pensarlo,
arriesgaría todo lo que me queda por perder,
que no es nada,
pero por ti,
por ti lo haría.

¿Seguimos como siempre, no?
No recuerdo la voz de tu hermana pequeña al verme,
los vídeos diciendo que me echa de menos.
¿Seguimos como siempre, no?
Seguramente tu letra haya cambiado y no me habré dado cuenta,
porque la última carta que tengo es de hace tiempo.
¿Seguimos como siempre, no?
Al subirme al 11 ya no me paro en tu casa
y mi última parada del 8 ya no llega a ti
¿Seguimos como siempre, no?
Tus canciones me siguen recordando a lo que fuimos,
que no fuimos nada, pero pudimos serlo todo.
¿Seguimos como siempre, no?
Yo siento lo mismo, aunque ahora con un repique de la campana
del dolor
porque tú,
tú no sigues como siempre,
no.

Eres ese pensamiento
que no consigo sacarme de la cabeza.
Ese calor en el pecho
que me quema y aún así,
yo le sigo prendiendo mecha.
Eres esa rosa llena de espinas
que al cogerla duele,
pero la aferro a mí.
Eres todo lo que siento
y todo lo que vivo.
No consigo deshacerme de tu recuerdo
cuando estoy lejos,
ni de mi inercia
cuando te tengo cerca.
No puedo sacarte de ahí,
de mi alma y de toda esquina recóndita de mi cuerpo.
Debo salir yo,
dejar de sentir,
pero creo que prefiero el dolor
a la indiferencia.

La sinuosidad de sus calles pretende la atención,
la prisa de su gente alarma,
el tiempo parece pasar más rápido y
nunca te encuentras en un mismo lugar.
Puede que sea cierto,
que aquí el corazón no alcanza su aliento,
que los días parecen contados.
La fugacidad asusta,
pero también atrapa.
La exclusividad de su luz,
la cervecita en terraza sin importar el cielo,
los acordes sonando a un mismo compás,
las sobremesas imprevistas,
los paseos hacia una puesta de sol,
la mezcla de ciudades.
Empezar una vida nueva
sabiendo que ya no podrás volver a antes,
que ya no querrás.
Que el aliento ya se ha acostumbrado,
que su fugacidad forma parte de ti,
que el irte se hará más duro que volver.
Porque Madrid te atrapa, te acoge.
La vida aquí no tiene botón de pausa
y a ti nunca se te ocurrirá buscarlo.

El caballito de mar nunca se ha separado de mí,
desde ese 17 de octubre que me lo pusiste en mis manos.
Puede que tu sí te hayas separado de mí,
y yo de ti,
pero el caballito de mar siempre ha estado ahí,
recordándome cada día que tú también lo estás,
aunque falle en sentirlo,
aunque falles en demostrármelo.
No pasa nada mamá,
ten claro que, pase lo que pase,
el caballito de mar nunca se separará de mí.
Y ahora sé,
que tú tampoco.

Quiero cuidar de ti.
¿Necesitas algo?
Estoy aquí.
No estás sola.
Tus ojos brillan hoy más que otras veces.
Me encanta cómo hueles.
▪Ni te pierdo ni me pierdes▪.
Estoy orgullosa de ti.
Avísame cuando llegues.
He escuchado la canción que me dijiste que te encantaba.
Suerte.
¿Pipas, atardecer y mar?
Me apetece verte.
Te echo de menos.
Te veo feliz.
Me encanta cuando te ríes.
(Te quiero).

We were never meant to be.
Maybe as friends, but never as lovers.
I can't tell you why.
I can't figure out the words.
I wish your heart was made of paper and pen,
that way, I could just write what I feel in it,
and make you believe every word it says,
since they are my most genuine feelings,
and they will never leave my being,
even if we never turn out to be meant as lovers,
instead of friends.

La sensación de despegue,
de los pies sobrevolando el suelo.
Aquel en el que naciste,
en el que creciste y en el que fuiste amada.
Esa misma tierra que vio tu primer llanto,
tus primeros pasos, tu primer miedo,
tu primera risa y tu primer salto a la vida sin importar el abismo.
Esa misma tierra que te dio cimientos,
te regaló huecos en el corazón
que siempre estarán ocupados
por huecos de otros que viajaron a los tuyos indefinidamente.
El llanto cae sobre tus mejillas,
pero el aterrizaje se acerca.
Tus pies posándose sobre nuevo suelo,
aquel que te acoge,
que te enseña, que te cobija y te alimenta.
Esa tierra en la que encontrarás todo lo que,
habiéndote quedado en tierra conocida,
nunca hubieras descubierto.

Me gustas en todas tus versiones,
todas y cada una de ellas.
Pero, sobre todo, me gusta aquella en la que nos juntamos.
Sacas lo mejor de mí,
y eso sólo me pasa contigo.

Nos queremos de la manera más simple posible,
y de la más bonita.
Es una forma pura,
y es el te quiero más sincero que he pronunciado nunca.

¿Piensas en mí como yo pienso en ti?
Con la misma frecuencia,
con el mismo furor.
Pienso en tus manos tocando mi cuerpo,
viajando por sus curvas,
saboreando cada rincón.
Pienso en tus ojos observándome como a una musa,
mirando en toda dirección,
intercalándose en los míos.
Pienso en tus labios formando esa curva,
la que sabes que me pierde,
que cualquier sentido se vuelca en ella.
Pienso en ti,
en tu cuerpo junto al mío,
en tu corazón descalzo,
en mis manos grabadas en ti.
Pienso en ti
como me gustaría que pensaras en mí.

Hay personas que viven enamoradas del mar sin poderlo ver todos
los días;
del cielo independientemente de su color;
de las nubes a pesar de la lluvia.
Pues yo vivo enamorada de ti
aunque el viento me susurre a gritos,
mil y una veces,
que te deje ir.

Me gusta la incertidumbre,
el no saber a dónde ir.
Puede que, por eso,
mis estaciones favoritas
sean el otoño y la primavera,
aquellas que se encuentran entre
las noches frías
y los días cálidos;
de la brisa apacible
y la que te arrastra hacia atrás
y hacia adelante,
a la estación de la que siempre quiero salir.

No quiero que seas un recuerdo,
un nombre,
un rostro,
guardado en un rincón de mi memoria.
Quiero que formes parte de ella,
día tras día,
que nunca tenga que recordarte
porque siempre te tenga,
porque nunca querrás irte.
No quiero que seas un recuerdo,
pero si algún día llegas a serlo,
serás el más vívido que tendré nunca.

Nos encontraremos por la calle,
de paso,
y nos saludaremos
como solíamos hacer por los pasillos.
Me saldrá un anuncio en las noticias
en el que tú serás protagonista.
Me preguntaré que fue de ti
y recordaré que sigo teniendo tu contacto guardado
y que no cambiaste de número.
Me plantearé llamarte,
ponernos al día después de tantos años.
Me pegaré el teléfono a la oreja,
escucharé el contestador y,
entonces, no tendré más remedio que
desear encontrarte al día siguiente
y saludarte
y hacer como si nada.

Sus abrazos me llenan de una manera
que ninguna otra persona es capaz de hacer,
son mi cura,
son mi antídoto,
y siento que no tan solo abraza mi cuerpo,
sino que abraza mi alma,
abraza cada pedazo de mi corazón
que me ha ayudado a recomponer,
y abraza todo lo que odio de mí misma
que conoce profundamente,
y, aun así,
me sigue queriendo igual.

Yo quiero que conmigo sientas lo que sientes al escuchar tu
canción favorita,
al ver el atardecer desde la playa,
al comer la comida que te hace feliz,
al ver la película de la que nunca te cansas,
al salir el sol después de un día de lluvia.
Quiero que me quieras,
que quites los pétalos de todas las flores hasta que diga ''me
quiere'',
que pienses en mí cuando te hablen de suerte,
y que te imagines mi risa cuando te pregunten por mí,
que me veas de cualquier manera y aún así quieras estar conmigo.
Quiero que quieras sentir lo que es quererme.
Quiero que me quieras como yo soy capaz de quererte.

Su sonrisa es la más cautivante que he visto jamás,
es perfecta y sé perfectamente cuando es real y cuando no,
y es eso lo que la hace tan especial.

Para recuperar tu vida de antes
tendrías que ser la persona de antes,
dejar atrás todos esos momentos
que te han hecho ser quién eres.
Puede que asuste,
que se encoja el corazón al darte cuenta
que la vida trata de eso,
de seguir adelante teniendo en cuenta
que las huellas nunca se borran
para que nunca olvides de dónde vienes.

Me encantaría que el amor fuera igual de inocente que la risa de un niño,
que un te quiero no escondiera ningún otro sentido,
y que dejara de ser tan complicado
que un amor sea recíproco.

Qué van a saber de suerte,
si ni te han conocido;
si no te han tenido delante mientras cuentas una historia
y cada uno de tus sentidos están volcados en escucharla;
si no han visto el brillo de tus ojos
cuando se acuerdan de algo importante para ti;
si no han sentido tus brazos alrededor de su cuerpo,
sabiendo que entre ellos nada malo puede ocurrir.
Qué van a saber de suerte,
si ni han sabido quererte.

Muchas veces las cosas más bonitas
se encuentran cuando no puedes verlas;
un beso,
un sueño,
un abrazo,
un suspiro de mar,
un olor a jazmín en verano,
el sabor de tu comida favorita,
una oración,
un llanto.
Los ojos sólo son capaces de ver ciertas cosas.
Es el corazón el que es capaz de sentirlas todas.

La vida es tan bonita
que muchas veces el dolor que nos hace pasar,
camufla las otras mil emociones
que somos capaces de sentir.

Tuve la suerte de crecer creyendo que mis padres eran superhéroes.
Papá me leía cuentos y me daba la mano hasta que me quedaba dormida,
sin saber que cuando sus labios tocaban mi frente,
yo seguía sintiéndolo.
Mamá me arropaba con sus piernas
formando un ''banco'',
y me hacía sentir que mientras estuviera allí, con ella,
no existían los monstruos debajo de la cama.
Ese lugar seguro solo existía entre nosotros,
pero no entre ellos.
No había besos en la frente antes de dormir,
ni bancos que ahuyentaran pesadillas,
ni una mano cálida bajo las sábanas para asegurarse no estar solos.
Poco a poco fui dándome cuenta de que no eran superhéroes,
Que eran dos personas que no querían darse cuenta
de que su amor estaba caducado.
Al darse la oportunidad de encontrar otra vida,
se encontraron a sí mismos, aunque por caminos distintos.
Pudieron ser felices,
y así,
pude volver a sentir que eran superhéroes,
pero ya no solo de mi vida,
sino de la suya propia también.

Porque tu amor no me hacía perder la cabeza,
no me desordenaba la vida,
no me sacaba de mis casillas,
no me hacía ver todo de distinto color.
Tu amor me daba aquello que me faltaba,
me transmitía paz,
me hacía sentir el mundo tranquilo.
Porque tu amor era como un abrazo eterno,
tu amor nunca me descolocaba,
nunca me hacía pensar que me estaba volviendo loca.
La locura de la que tanta gente habla se convirtió en mi cordura.

Y aquel deseo en la Fontana Di Trevi,
yo lo pronuncié,
pero añadiendo un ''contigo''.

Yo: Oma, ¿para ti, que es el amor?
Oma: el amor es lo más grande. El amor puede con todo

Mi abuela, a la que le llamamos Oma, estuvo casada dos veces. En ambas fue abandonada con el corazón en sus manos. Sufrió, pero siguió adelante por sus hijos, y lo más importante, por sí misma.

Aún, después de más de 30 años desde su primer amor, y de aquel que le rompió, sigue creyendo en él, sigue confiando en su fuerza.

Gracias a ella, a su resiliencia, ante todo, a su esperanza del amor, yo también creo en él.

Porque el amor, el amor todo lo puede.

Ojalá poder abrazarte eternamente,
ojalá el tiempo no existiese
o pudiésemos pararlo,
en ese mismo instante en el que
el olor de tu pelo es tan intenso
que no recuerdo un olor distinto,
en el que tu cintura está pegada a la mía
y nuestros corazones se tocan,
en el que siento que podría vivir toda una vida
sin cansarme jamás de ser contigo
lo que no querría ser con nadie más.

Aprendí que dar no es siempre recibir,
que querer a alguien con tanta intensidad
no va a hacer que esa persona te quiera de la misma manera.
Por mucho que quieras que algo funcione,
no puedes cambiar la forma
en la que alguien muestra su amor.
No puedes hacer que te quieran
o que quieran formar parte de tu vida.
El amor es una opción, es elegir vivir la vida con esa persona.
No se puede forzar.
Esa vida en la que nos elegimos mutuamente
puede marchitarse con el tiempo.
El duelo parece insuperable,
no solo por las personas que crearon ese amor,
sino por los frutos que nacieron de él.
Lo que hace que quieras levantarte,
que a pesar de la caída sientas fuerza para recobrarte,
es que esa herida siempre se convertirá en cicatriz,
y así,
podrás aprender a soltar,
y a sujetarte en otro soporte
que te enseñe que no todas las flores se mueren.

Muchas noches siento que necesito un abrazo tuyo,
de esos que hacían que el dolor desapareciera
aunque fuera por tan solo unos segundos.
Hacías que poco a poco mi pecho se calmara
y mi mente cesara de sufrir.
Muchas veces aprieto mi mano y cierro los ojos
para imaginarme esa misma sensación,
aquella tranquilidad y paz que sólo tú sabías darme.
Me duele, me quema y me mata por dentro
no recordar la última vez que lo sentí.
Mi dolor no tiene cura, no apacigua si sigue anhelando
esos brazos que ya no me corresponden.
Esta es una de esas noches en las que deseo volver a tus brazos.
Esta es una de esas noches en las que,
tu recuerdo se vuelve demasiado pesado.

Si me pidieras que te quisiera yo lo haría.
Te pido que me quieras todos los días,
te lo suplico más bien.
Me tiras a un lado y yo sigo ahí,
me vuelves a llamar y vuelvo,
sin ser capaz de alejarme,
porque te quiero,
porque podría ver el mundo acabarse mil y una veces
que siempre iría corriendo a por ti.
Aunque sepa que tu no sientes lo mismo,
aunque sepa que el amor no se pide,
el que yo siento por ti es innato,
me sale solo.
Te quiero y me duele quererte,
ya que, aunque te suplique que me quieras,
no servirá de nada,
porque el amor no se pide,
el amor no es una súplica,
el amor se siente,
se da,
se vive.

Repetiría momentos mil y una veces;
reviviría emociones todas las veces que pudiera.
Pero ¿sabes qué?
Nunca serían como la primera vez,
de esas solo hay una,
una en cada paso de la vida.
Esas primeras veces que tanto miedo dan,
que tanto intentas evitar
por la comodidad de lo cotidiano.
La cosa es, que, sin esas primeras veces, nada tendría sentido.
Se necesita el miedo para que el coraje nos empuje hacia delante.
El miedo nos enseña que no estás solo,
que hay alguien a su lado que te invita a seguir,
aunque los primeros pasos siempre cuesten más.

Si paras un poco empiezas a apreciar la vida,
sus cosas más sencillas que pasamos por alto;
el beso de un padre dejando a su hijo en el colegio;
el anciano dando de comer a las palomas en el banco de un parque;
la caricia de dos manos unidas;
el brazo alrededor de la cintura;
los reencuentros en plena calle;
los perros moviendo la cola por el simple hecho de ser queridos;
el desconocido que se duerme en el metro en un hombro ajeno;
el repique de los dedos al ritmo de una canción;
las llamadas que te hacen sonreír;
un ''te quiero'' y una despedida eterna;
las miradas fijas y los recuerdos rondando la mente.
Hay tantas cosas que hacen que la vida sea bonita,
y más veces aún que las ignoramos.

Espero que tu alma y la mía
se encuentran en otras circunstancias
en nuestra siguiente vida.
No quiero que vuelva a pasar
el dolor de quererte
y no poder tenerte.

Cada día que pasa
pienso en todo aquello que nunca dije
y quise decir.
en todo aquello que nunca hice,
y quise hacer;
un halago a mi madre;
decirle lo orgullosa que estoy a mi padre;
un abrazo a mi hermano;
una mañana de playa con la Oma;
un te quiero a mi amiga;
un gracias a mi profesor;
un adiós a la persona que me hacía daño;
un ''no'' a aquello que no me estaba haciendo bien.
Me callé tantas veces,
que creí que así tenía que ser,
y así era.

No volveré a verte más,
al menos no aquí,
al menos no ahora.
No tiene que ser,
no está escrito en el siguiente capítulo de nuestra historia.
Pero te prometo,
que lo leeré rápido,
sabiendo que, en el siguiente,
existe la posibilidad
de volver a verte.

No quiero que me necesites,
quiero que me quieras,
que no tengas la certeza
de lo que nos deparará la vida,
pero tener seguro
que la quieres compartir conmigo.

Ojalá poder arroparte
y hacerte ver que todo va a salir bien,
que las lágrimas de la almohada se secan,
que los ecos de las paredes cesan,
que el dolor que sientes, ameniza.
No hay nada que sea eterno,
pero tú y yo siempre seremos una.
Tengo tus recuerdos y tú tienes mis sueños,
y los estoy cumpliendo por ti.
Si te viera iría corriendo a abrazarte con todas mis fuerzas,
te diría que siguieras adelante,
que no pararas de luchar contra las voces de nuestra cabeza,
que dieras la vuelta en la primera esquina
y vieras que hay muchos más caminos que podemos seguir.
Soy todo lo que siempre soñaste,
y es por ti,
por la que soy feliz.

Esos ojos con colores entremezclados.
Esa sonrisa.
Esas comisuras de tu boca al apretar los labios.
Ese abrazo que me curaba todo mal.
Todo de ti,
absolutamente todo.
Aún sabiendo que no sientes lo mismo por mí,
y que nunca lo harás,
espero que algún día se me pase por la cabeza decírtelo.
Decirte todo lo que siento cuando te tengo cerca,
decirte que imagino el turquesa y el verde agua de tus ojos
cuando me preguntan por mi color favorito.
No sabría dejar de sentir,
y por mucho que me duela,
tampoco quiero.

Nuestras almas están destinadas a encontrarse en cada vida,
en cada universo.
Sea de la manera que sea,
mi alma siempre encontrará la tuya
sumidas en la peor guerra
o con la desdicha acechando su puerta.
Porque las almas gemelas
siempre se encuentran.

A veces está bien sentarte en un banco apartado
y ver la vida pasar sin detenerla.
Ver como la gente va y viene
sabiendo que,
pocas cosas puedes hacer para evitarlo.
Ver tu capacidad de seguir
a pesar de los empujones que te tiran
y te arrastran por los suelos.
Ver sus ojos
y como le brillan al verte,
al ver esa puesta de sol
que tantas veces te pierdes,
al sonreír por el cumplido
que se te escapa de la boca,
al reír por esa gracia
de la que nadie más se ríe.
Párate y mira a tu alrededor,
de vez en cuando te hará sentir la suerte
de la que muchas veces te olvidas
y pocas veces aprecias.

Sentí tu mano fría,
tu tez sin luz,
y, aun así,
sentí que seguías aquí,
que no te habías ido.
Desde ese momento,
supe que nunca te ibas a ir,
al menos no del todo.

How am I supposed to get through it?
How am I supposed to get through it if it hasn't happened?
I don't have anything to miss,
to forgive
or to forget.
I have everything I wish could happen stuck in my head,
in my heart.
I can't seem to get it out,
please will someone help me,
save me.
Since it won't happen
I need to get over it before it's done,
before it ends me.
I need to get you out of there,
I can't drag you down with me.
Please, I need to get through it
without actually living it.

Antes de irte dame un último abrazo,
dime un último te quiero,
déjame tenerte cerca una última vez,
suspirarte para nunca olvidar tu olor.
Pero, lo más importante,
Por favor, antes de irte,
no te vayas.

Si el tiempo decide que el nuestro se ha acabado,
quiero que sepas que cada minuto,
de cada día desde que te vi por primera vez
te he anhelado de una manera
que nunca he anhelado a nadie.
Así que,
si nuestro tiempo se acaba,
al menos sabré que he querido a alguien
durante todo ese tiempo,
pensando que tendría toda la eternidad
para decírselo.

Si este fuera mi último día en la tierra
te miraría durante las 24 horas.
Te sujetaría cerca de mí,
besaría tus labios,
te diría todo lo que me haces sentir cuando te tengo cerca,
y cómo pienso en ti cuando te tengo lejos.
Si este fuera mi último día en la tierra,
haría lo que ya tendría que haber hecho
mucho antes de nuestro último día.

Te daría un clavel cada día
que decidieras quererme,
que me dejaras quererte,
y los clavaría en mi memoria
para que nunca se me olvidase
de cómo mereces que te quiera.

El reflejo de la luna sobre el mar,
tu mano rozando la mía,
el cielo lleno de lunares blancos,
las olas rompiendo en la orilla,
mis ojos buscando los tuyos,
mis labios deseando besarte…
¿tú también lo sientes?

Quiero perdonarte las veces que hagan falta.
Quiero consolarte siempre que lo necesites.
Quiero aprender de mis errores
para no cometerlos contigo.
Quiero conocerte como nadie lo ha hecho,
y ayudarte a conocerte aún más.
Aprenderé a pedir perdón de la mejor manera.
Aprenderé a quererte
por el simple hecho de que nunca quieras irte.

Sería feliz
si pudiera serlo contigo
toda la vida.

He mirado muchos ojos
y los tuyos siguen siendo mis favoritos.
He escuchado muchas risas
y ninguna suena como la tuya.
He querido a mucha gente,
pero nunca he querido a nadie
como te quiero a ti.

Antes no nos dábamos dos besos.
No nos cruzábamos por casualidad en la calle.
Sabía todo lo que te pasaba con solo mirarte.
Conocía tus secretos, aquellos que no le contabas a nadie.
Supongo que ya nada es como antes,
y que debo acostumbrarme a saludarte sin conocerte.

I could try to remember
what it felt like
not having you in my world.
Everything seemed easier.
I lived without living.
Nothing made sense, so I existed,
without doubts rumbling in my head,
without questions that tormented me,
without sleepless nights,
without the fear of a broken heart.
Yes, I could try to remember,
but then
I would have to go back to before I met you,
before my feelings became real,
when they weakened my heart
for the sole purpose of loving you,
even though,
I will never be loved back.

Nadie dijo que abrir el corazón fuera fácil,
pero nadie me advirtió que fuera tan doloroso,
o puede que sí y no quise escucharlos.
A pesar de ello,
lo volvería a hacer.
¿De qué me sirve guardarme lo que siento por ti?
¿Con quién lo comparto si no es contigo?
Puede que no sientas lo mismo,
pero al menos ya sabes lo que siento por ti.
Y así, poco a poco,
mi corazón no temerá volverse a abrir.

¿Y si me hubiera callado?
¿Y si no te hubiera dicho nada?
¿Y si volvemos a antes?
¿Y si lo olvidas?
¿Y si me olvidas?
Y yo te olvido…

Puede que ya no podamos volver a lo que éramos,
Puede que nuestra historia acabe aquí,
aquella que compartimos,
aquella que empezamos
y tú acabaste.
Por mí hubiera seguido escribiendo las páginas,
pero hubiera cambiado de parte.
Tú no querías,
no quieres,
¿no?
Ojalá logres ver
que para que una historia siga su trama
a veces hay que escribirla de otra forma.

Gracias a ti me quiero un poco más.
Gracias a ti veo todos los lados de la vida,
todos los que me puede ofrecer
y todos en los que yo puedo formar parte.
Gracias a ti sé lo que es tener siempre alguien a tu lado.
Me viste crecer,
me viste cambiar,
y a veces pensaba que nuestras vidas se separarían,
hasta que me di cuenta
de que un hermano siempre está,
aunque no lo veas,
aunque no le hables lo suficiente,
lo sientes.
Lo escuchas en la parte de atrás de tu cabeza,
esa vocecita que siempre te acompaña,
ese compañero que nunca se va,
a pesar de que muchas personas sí lo hagan.

Ojalá poder frenar agosto.
Por ti lo haría,
por ver el sol irse entre las olas,
por verte a ti brillar como una estrella más,
por ser una eterna eternidad,
en verano,
en agosto,
contigo.

Cuando me preguntan por mi canción favorita,
les hablo de tu risa.
Cuando me siento perdida,
miro tus ojos.
Y cuando pienso en hogar,
me imagino en tus brazos.

Antes siempre llevabas mi anillo,
aquel que te compré en Madrid.
Me decías que siempre te lo ponías,
que no se separaba de tu pulgar,
que te recordaba que estaba cerca
aunque no estuviera ahí contigo.
Ayer me fijé en que tu dedo bailaba desnudo,
sin esa pluma que lo envolvía
elegantemente y sin esfuerzo,
y que no te habías dado cuenta
de que, para mí,
no era simplemente un anillo.

Sigo recordando el día que te fuiste.
Sigue vívidamente en mi memoria.
A veces ese recuerdo me resulta doloroso,
es una señal de que no te volveré a ver.
Pero otras,
otras veces me hace sentirte cerca,
con tu último aliento,
tu último parpadeo,
rodeada de las personas
a las que siempre habías cuidado
y que en ese momento
intentaban devolverte el favor.

Ayer me di cuenta de que no llevabas la colonia de siempre.
Tu olor ya no me resultaba familiar,
no te reconocía.
No solo habías cambiado tu perfume,
sino que también habías cambiado tu forma de abrazarme,
de reírte,
las razones de tu sonrisa.
Habías cambiado muchas cosas,
y ya no formaba parte de ellas.

Puede que siempre tenga esa espinita
de querer volver a estar juntos;
de volver a hacer un viaje
con canciones de nostalgia sonando en la radio;
de volver a comer en la mesa con cuatro sillas;
de volver a tener navidades mágicas;
domingos de lluvia, manta y peli;
ambos lados de la cama ocupados
y nosotros en medio,
protegidos.
Puede que siempre lo eche de menos
aunque sepa que nunca más volverá.

Por si algún día decides volver,
dejaré encendida la luz de la entrada
para que la veas desde la ventana.
Para que cuando vuelvas,
sepas que sigo aquí,
esperándote.

Un clavel rosa
y un jazmín blanco.
Ambos son tuyos,
ambos tienen tu aroma,
y ya siempre me recordarán a ti,
y me dolerán,
por ti.

Nunca pensé en mi color favorito
hasta que vi tus ojos.
Nunca me imaginé
añorando el contacto físico,
hasta que tus brazos me atraparon.
Nunca me imaginé
queriendo tanto a alguien,
hasta que mi corazón se rompió en mil pedazos
para que todos y cada uno de ellos fueran tuyos.

De pequeña siempre quise ser pirata,
y aunque siempre tuve miedo al mar,
mis padres nunca me dijeron que no,
nunca me preguntaron si prefería ser princesa,
médico o abogada.
Nunca dudaron de lo que era capaz.
Puede que por eso tenga tantos sueños,
tantas expectativas para la vida,
tantas ganas de vivir.
Gracias a ellos,
sé que los límites para soñar
no existen.

Vuelve mañana a verme
a la misma hora,
con la misma sonrisa
brillando bajo el mismo sol
que reluce en tu rostro.
Vuelve mañana a verme
con la misma ropa,
no te cambies,
para que así parezca
que el tiempo no pasa,
y que mañana
podrás volver a verme.

A pesar del daño que me hiciste
quiero que seas feliz,
y que nadie te haga sentir
lo que tú me hiciste sentir a mí.
Ojalá te quieran como yo te hubiera querido,
y ojalá sepan la suerte que tienen
de que tus ojos miren los suyos,
y sientan ser vistos,
sientan ser queridos,
de la manera que a mí me hubiera gustado
ser querida
y quererte.

Ese día,
nos dimos el último abrazo,
te escribí el último mensaje,
mis ojos te miraron por última vez,
con todo el amor del mundo reflejando en ellos.
Ese día,
fue el último
que me dejaste quererte.

El otro día me preguntaron por ti,
y no supe qué responder.
No sé si estás bien,
no sé si sigues ahí,
donde siempre.
No sé si estás con alguien.
No sé nada.
No sé nada de ti.

Why would you make me love you?
Why would you make all my thoughts be about you?
My heart doesn't understand
the hurt you out it through.
I can't even understand
why I still love you
why I still want you,
but I do.

Entre nosotros sobran las palabras,
abunda la paciencia
y el cariño,
aunque a veces parezca que falte.
Eres la primera persona
a la que se me ocurre llamar
cuando debo hacer vívidos mis pensamientos.
Ojalá nunca me faltes.
Ojalá nunca deba echarte de menos.
Ojalá poder ser hermanos,
en esta vida,
y en todos los universos.

Sigo escuchando nuestras canciones,
las que me recuerdan a ti;
a mi mano recorriendo tu cuello;
a mis besos perdiéndose entre tus labios;
mis ojos con la mirada fija en ti.
Las melodías me llevan a esos momentos,
los que nunca quiero olvidar,
los que siempre revivo,
y, los que un día, espero volver a compartir,
contigo.

Sabes que te quiero,
te lo cuenta mi mirada
cuando el verde de mis ojos se eclipsa
por el negro de mi pupila.
Adormece cualquier otro sentido,
cualquier otro que no tenga que ver con el verbo querer,
con la acción de quererte.

Te vi de lejos y no quise saludarte.
Vi cómo te reías,
como tocabas su brazo,
como tu cuerpo se acercaba al suyo.
Sentí tu corazón latiendo por otro,
y de repente,
volvió la despedida,
ese adiós que dijimos en silencio,
que gritamos sin voz,
el que nunca quisimos que se pronunciara,
el que te obligó a marcharte,
y a mí me condenó,
a una vida entera extrañándote.

¿Qué mangas calientan tus manos?
¿Echas de menos las mías?
Pudiste tenerlas para siempre,
llamarlas tuyas,
pero decidiste dejarlas ir,
decidiste dejarme ir.
Ahora me encuentro aquí,
aferrada a mi manga,
apretándola con fuerza,
sabiendo que tus manos,
nunca estarán entre ellas.

Hay miles de poemas de amor,
miles de canciones que podría dedicarte,
pero, aun así,
ni todos los poetas,
ni todos los músicos,
de todas las eras de nuestra historia,
serían capaces de describir
lo que siento, sentí y sentiré siempre por ti,
y lo que me duele y dolerá saber
que nunca podré tenerte.

Si alguno debe irse antes,
elijo ser yo.
No aguantaría este mundo
sin las terrazas con tu voz,
sin el ''si vas tú, voy yo''.
No podría vivir sabiendo
que no estoy viviendo contigo,
que los ''campo a campo'' se quedarían en el recuerdo,
que te llevarías mis confidencias
y no podría compartirlas con nadie más.
Viajarías al otro lado
con las conversaciones que nos faltan,
aquellas que no podríamos terminar.
Y por eso,
prefiero ser yo quien se vaya antes.
No tendría sentido vivir una vida sin mi hermano.

Tus brazos fueron los segundos en acogerme.
Apenas minutos en cuerpo y alma
y fuiste tú el primero que me hizo sentir protegida;
la primera vez que supe,
que sentí,
que me aferré,
al amor de padre e hija.
Tus ''popske'' de cada día,
aquellos que me hacían sentir especial,
querida,
infinitamente agradecida
de poder llamarte papá,
de poder quererte así,
y nunca más dudar,
que, aunque haya brazos que me abandonen,
los tuyos siempre estarán.

Y de repente,
agosto se volvió mi mes favorito.
El verano lo esperaba con ansia,
porque tú también lo esperabas con ansia.
Querías que llegara,
en el momento que terminaba,
y con tal de verte feliz,
yo contaba los días y luchaba contra el tiempo
para que llegara más rápido,
para que llegara agosto,
ese mes que yo volví tuyo
y nunca más volvió a sentirse igual.

Llevamos ya varias semanas sin hablar.
Ya no sé cómo te va en la universidad,
ni cómo están tus padres,
o si has necesitado un abrazo
y no he podido dártelo.
Lo curioso es que pensé que te iba a echar más de menos,
pensé que la vida sin tenerte iba a ser más dura.
Ahora sé que mi vida no acaba sin ti,
que mi felicidad no depende de tenerte,
que soy feliz y vivo sonriendo
desde que no estás,
y no sabría decirte,
si incluso más que antes.

No sé si enamorarme de ti fue un accidente.
Puede que ya lo tuviéramos todo planeado,
que ya supiéramos que íbamos a encontrarnos,
y vivimos buscándonos por las esquinas,
hasta que, en una, ambos dimos la misma vuelta
y nuestros caminos,
aquellos que estaban destinados a encontrarse,
finalmente se cruzaron.

Quiero parar y darte un beso,
sentir como el tiempo se congela
y aferrarme a tus brazos.
Quiero comer en una terraza,
lo que muchos comen por el camino.
Quiero parar,
vivir,
sentir.
No quiero hacerlo con prisa,
no quiero vivir pensando en mañana,
arrepentirme de ayer,
desaprovechando hoy.
Quiero contar
los latidos de tu corazón
cada segundo de cada día
y quiero sincronizar los míos con los tuyos.
No necesito más que eso,
más que parar,
vivir,
sentir,
y quererte.

No sé dónde está
el amor del que nací.
No sé dónde estuvo
mientras crecí.
No lo vi.
No lo sentí.
Y, aun así,
sé que el amor siempre estuvo ahí.

¿Qué haces cuando escuchas mi nombre?
¿Se te erizan los enclaves de tu corazón?
¿Lo sientes encoger?
¿Hace que me eches de menos?
Yo escucho tu nombre en cada voz,
aunque no lo pronuncien, lo escucho,
y me hace pensar
y preguntarme
si tú también escuchas el mío.

No me siento digna de amor,
pero sí de amar.
No puedo recibir sin orgullo,
pero sí dar con dignidad.
No sé vivir con este nudo,
aquel que solo tú puedes desatar.
Aún sigo empuñando
los recuerdos que dejaste
y que nunca me hubiera imaginado
no poder soltar cuando te marchaste.

Siempre te quise más que a mí.
Siempre estuviste por encima de todo.
Nadie supo el por qué.
Me decían que abriera los ojos
y viera que no merecía la pena,
que no merecías la pena.
Yo te quería,
más que a nada,
más que a nadie,
más que a mí.
Nunca debí ponerte por delante
mientras intentaba alcanzar tus talones.
Hoy por fin me quiero,
me quiero más que a nada,
me quiero más que a nadie,
me quiero más que a ti.

Este es el último poema que escribo sobre ti,
el último trazo de tinta que malgasto,
la última pluma que escribirá tu nombre
camuflado en palabras que ya perdieron su sentido.
No arrancaré las miles de páginas dedicadas a ti,
eso sería obviar tu existencia,
ignorar el dolor que sigue doliendo.
Esta es mi última despedida,
a pesar de que prefiera quedarme,
para ver cuántas más nos quedan.

Entré en tu casa
y las hojas yacían caídas
junto al alféizar de la ventana
por la que me dejaste entrar.
No pude cerrarla,
¿cómo iba a salir sino?
Tu puerta estaba cerrada a cal y canto,
no dejabas que nadie más entrara.
Comencé a tener frío
por el aire gélido que se colaba.
Decidí cerrarla,
decidí cerrar la ventana por la que entré
y por la que ya no podía salir.
Justo en ese instante me llegó una sensación,
se apoderó de mí,
ese cálido saber
que ya no quería irme,
que me quería quedar
en tu casa,
contigo
y con la ventana cerrada.

Home is not home anymore,
and I don't say it as a bad thing.
I always thought home was a place
that neither time nor space could change,
it would always stay the same.
But, apparently,
some people that lived in my home
decided it was time to go,
they shut the front door behind them
and never came back,
they left the dog barking
and the windows open,
so, I had to keep it from falling apart.
At some point,
even that became impossible.
Everyone wanted to leave,
who would want to stay in such chaos?
It was in that moment
when my actual home started emerging
from the disaster everyone else left.
Now people come and go every time,
but, you know what?
They always keep the front door open,
so that I know they'll always come back.

No quería parecerme a ti
y cada vez que me miro al espejo,
veo tus pecas alineándose con las mías.
No quería parecerme a ti
y ahora siempre escucho a Sabina.
No quería parecerme a ti
y los rizos de mi cabeza comenzaron a tener tu forma.
Fue entonces cuando la gente me preguntaba
¿Por qué ahora?
¿Por qué no antes?
Y a eso, yo les respondía:
porque mi madre siempre me dijo que no siguiera sus pasos,
sino que creara yo los míos,
pero ¿qué hago?
Si los suyos siempre me marcan el camino.

Salí de la plaza
y la panadería de siempre ya no estaba.
Subí la cuesta
pero el kioskero había muerto,
en su lugar estaba su hijo,
con cara triste y desdeñada,
nada que ver con su viejo,
cuya sonrisa siempre te iluminaba.
Seguí y crucé por el paso desgastado y,
gracias a Dios,
la frutería seguía igual,
mismos dueños,
mismas fresas
y mismas cajas,
pero ya no se acordaban de mí.
Entré para volver a sentir la nostalgia,
y me fui con un sentimiento de impostora.
Puede que sea cierto,
y que el barrio no haya cambiado,
que siga siendo el mismo,
y la que lo haya hecho,
haya sido yo.

Cuando escribo estos versos
no puedo evitar pensar en lo que estarás haciendo
mientras escribo páginas y páginas,
con estrofas que contienen tu nombre,
con poemas que riman a ti.
¿Piensas en mí?
¿Me echas de menos?
¿O simplemente soy un recuerdo distante?
Aquel del que te acuerdas brevemente,
pero nunca duele,
nunca enciende la mecha
que hace que quieras volver a lo que éramos.

El tiempo no se para durante el duelo.
La vida sigue, aunque la muerte parezca haberla parado.
La arena sigue cayendo y al reloj no se le puede dar la vuelta.
Las lágrimas humedecen tu mejilla
y no hay una mano que las seque.
Los días pasan,
el tiempo hace que la gente se olvide,
pero tú nunca lo olvidas.
Te duele
y el duelo nunca acaba.
Un día te levantas
con menos pesadumbre que hace unos meses,
que hace una semana,
que ayer,
y cada mañana te das cuenta de que el peso es menor,
que el duelo duele menos,
y no quieres que se pare el tiempo,
quieres que siga,
que siga llevándose ese dolor,
pero que no se lo lleve del todo,
ya que eso haría que te olvidaras por completo
de su recuerdo y el legado que dejó.

La orilla calma mis pies.
El agua humedece mi llanto,
y tus manos,
cogidas de mis brazos.
El halo que se escapa de mi boca.
El aire gélido que nos azota.
La playa que nos aguarda,
al sur, con los pinos y sus bellotas.
Un paseo por el mar
en la barca que nunca supimos cómo remar,
y, aun así, nunca se hundió,
se perdió por la deriva
y no pudimos bajar,
ahí nos quedamos,
sin saber cómo volver
a nuestra playa del sur,
despidiéndonos en ese hermoso atardecer.

Aún me sigo encontrando su rastro en mi ropa,
lo confundo después de tantos años.
Al entrar a casa espero su venida,
pero nunca llega.
Espero y espero,
hasta que recuerdo que ya no está,
que se fue,
y lo único que me queda,
es la confusión en mis prendas.

En unos años
me invitarás a tu boda,
abriré el buzón de casa
y sabré instantáneamente el remitente de la carta,
por su letra, por su aroma,
y por el nombre que aparecerá en la portada.
En ese momento cerraré los ojos,
y pensaré que en otra realidad
de otro universo,
junto a tu nombre,
está también escrito el mío.

Ponme un paño de agua fría
donde antes posabas tus labios.
Apriétame la mano
aunque yo no pueda hacer lo mismo con la tuya.
Háblame al oído
a pesar de que no pueda responderte con mi voz.

No te vayas de mi lado,
quédate hasta el último aliento,
hasta el último suspiro de mi corazón,
que juro,
que dirá tu nombre.

No sé si leerás esto,
mi corazón escrito en estas páginas.
No sé si querré que lo hagas.
Pero, si lo haces,
y sabes que eres tú
en quien pienso cuando escribo,
por favor ven a buscarme,
si estos versos no son solo tuyos,
sino también míos.

ÍNDICE

europa ediciones